28 LETTERS THROWING AWAY

28文字の捨てかた

yur.3 著

SHUFUNOTOMOSHA

物の量が、家事の量。

物があふれている現代において、豊かさの尺度は変わりました。
かつてテレビや洗濯機など
「物そのものを手に入れること」に向かっていたエネルギーは、
お掃除ロボットや食洗機など
「物を使うことによって手に入る時間や心の余裕」に向けられ、
所有へのこだわりは薄れているように思います。

どんなに些細な物であっても
家の中にそれ１つ増えることが、管理の手間を増やします。
家事を軽減して時間を手に入れるための家電でさえも
メンテナンスが必要なのだから、

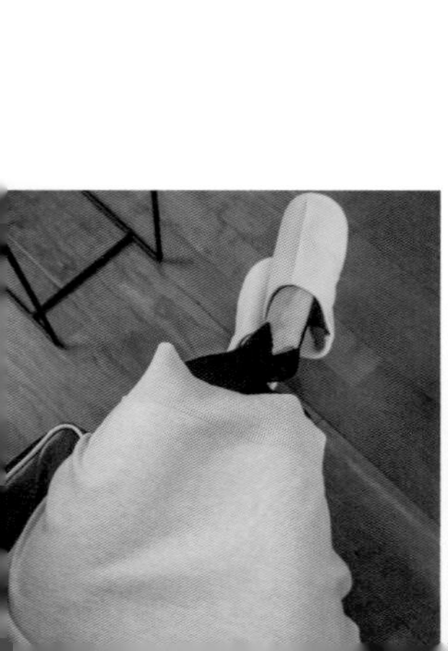

メリットとデメリットはいつも隣り合わせです。

人が大切にできる物はそう多くはありません。
暮らしを豊かにするためにやってきたはずの物たちは
境界線を越えた途端、
もしかしたらそれよりも大切な〝モノ〟を静かに奪い始めます。
それは時間であったり、お金であったり、スペースであったり。
何かを所有するためには、同時に何かを失っている。
それが本当に求める物でも、
手に入れるために必ず別の何かを手放さなければいけない。

そのことに気づき、忘れずにいることが
求める「豊かさ」への近道のような気がしています。

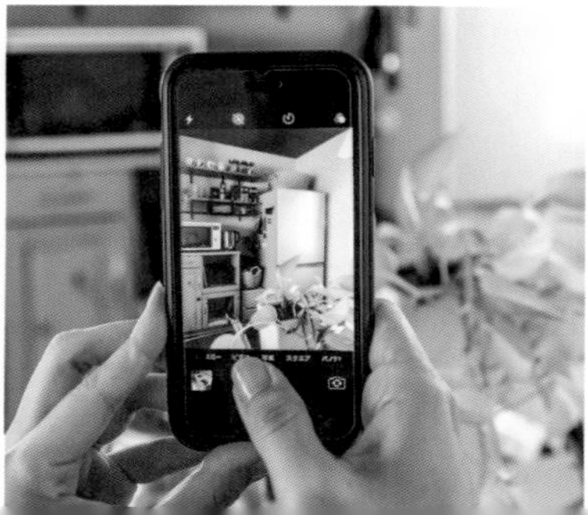

洗濯が嫌なら服を、
洗い物が嫌なら食器を、
掃除が嫌なら家具を減らす。

したくないことをなるべくしなくて済むように改善するのは
したいことをするための努力と同じくらい大切。
それは怠惰でもなんでもなく、
自分らしく生きるための前向きな努力だと思っています。

めんどくさがり屋の私は
洋服の素材やデザインをそろえて、数を減らしました。
素材が同じものは洗濯の仕方も同じ。
つまり管理方法も1パターンしか覚えなくていいのです。

洗い物も嫌いですが、やらざるを得ません。
だったらガシガシと洗ってサッサと終わらせたいのに
繊細な食器ではすぐに欠けてしまうので
普段使いするのは割れにくい材質のものにかえました。
収納も少なく、そもそも来客の多い家ではないので
普段使い以外のものは不要になり、処分しています。

毎日の掃除はお掃除ロボットに任せきりですが
起動するために毎度何かを移動していては手間がかかるので
床に置く物は最小限になりました。

減らすことにこだわるのは、そうすることで自分がラクをしたいから。
暮らしていくうえでどうしても手放せない家事の中にも
改善の余地は詰まっています。

「捨てられないもの」よりも「持ち続けたいもの」が何なのかを見つけることのほうが大切。

「断捨離」というと手放すことにフォーカスされがちだけれど
やみくもに物を捨てるのではやる気が出ません。
やる気が出ることがあっても続きません。
手放す作業そのものは、しんどく、エネルギーを使い、
そんなに楽しくないのです。

本当に大切なのは「不要品をどうするか」ではなく、
「必要なもの」や「持ち続けたい理由」を明確にすること。
「必要なものを選びとる」ことのほうがずっと意味があるはずです。

人が片づけたいと思うのは
その先に描く暮らしがあるからです。
「ずっと眠らせていた食器たちを、本当はこの棚に飾りたかった」
「ダイニングが片づいたら、夫婦でゆっくりお茶したいね」
「効率のいい家事の仕方があれば、子どもとの時間がとれるのに」
どれも成功のカギは
そんな夢や理想をいかに具体的に描けるか、なのかもしれません。

もちろん、すぐに捨てられないものがあってもいい。
けれど、そこに過去の出来事や想いにとらわれる自分がいるならば
今や未来のために少しずつでもけりをつけていく必要がある。
その過程を「選ぶことの繰り返し」としてとらえることができたなら、
片づけはより前向きなものになるのではないでしょうか。

Many Likes @yur.3

「好き」と「必要」以外のものは手放すほどにラクで楽しい！

「すっきりとした部屋でゆったりと暮らしたい」想いを持ちつつも
私の家事レベルは未だに誰かに自慢できるものではなく、
「ギリギリのラインでやり過ごす」に◯をつけられる程度。
それでも不思議と、今の暮らしが
当初の理想に着実に近づいているように感じられるのはきっと
手放し減らし続けてきた成果です。

家の中にあるものを「好き」と「必要」を基準に分けたときに

❶ 好きで必要なもの

❷ 好きじゃないけど必要なもの

❸ 好きだけどそんなに必要ではないもの

❹ 好きじゃないし必要でもないもの

左にいくほど物としての重要度が低くなり、手放したいものです。

「大人になったら、家の中のものはお気に入りでそろえるぞ」と
幼いころに意気込んでいた私も、物を減らしていく過程で
「好きなものだけでは暮らしていけない」ことを知りましたが、
少なくとも、好きでも必要でもないものは、ないほうがいいと思っています。
目の前にある、いらないものを1つずつ減らしていくことは
理想の暮らしに近づくために避けては通れない道。
今よりもちょっとラクをしたい、暮らしをもっと楽しみたいと思うならば、
一見ムダに思える小さな選択を繰り返すことでしか
手に入らないものがあるのです。

「大事にする」とは「使う」こと。

物を持つことがどんどんと手軽になっていく一方で
「まだ使えるのに」とか
「なにも捨てなくても」という想いは
手放すことのハードルを上げ、むずかしくしてしまいます。
それゆえ生まれる、すべてをひとくくりにしたような
「物を大事にしていない」とする考えには
少し違和感を覚えます。

目に見えなくても所有には限界があって
皆それぞれに適量があるのに
たぶんほとんどの人がそれより多くのものを持って

それに苦しみながらもいろんな理由で手放せずにいる。
けれど、そこから得られるものがないのなら
それは物の劣化を待ちながら、同時に暮らしも圧迫される
無意味でネガティブな時間です。

やはりどこまで行っても、物は使われてこそ。
大事にするとは使うことであり、使われるように考えることです。
ひとつひとつを精査して
用途やそれにかわる価値を持ったものを、そのときどきに選びとること。
それ以外を手放し、再生などの別のサイクルに乗せること。
そしてそのどちらもかなわないものに対しては
「処分」という形でけりをつけることも
ときに賢明な判断であり、
物に対してできる唯一のアプローチなのかもしれません。

CONTENTS

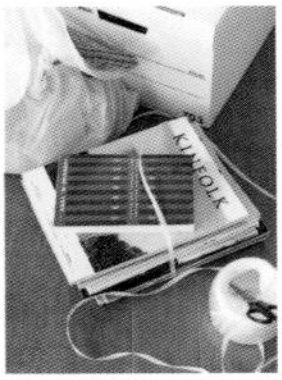

Chapter 02 —— CLOSET

CONTENTS

Chapter 04 —— LIVING ROOM

Chapter
01

THROW AWAY

捨てる

物の持ち方は人それぞれで、
同じように手放し方にも
ちょっとした違いやこだわりがあるはず。
それを否定したり強要したりすることなく
ときには自分の言葉に置き換えてもらうことで
やさしく「背中を押す」、
そんな一言でありますように。

Attachment

物に愛着を持てない人ほど
使わないものに
執着する。

持ち物すべてを愛でることは
誰にとってもむずかしい。
大切にすべきものがわからないと
手放すことへの不安がふくらみ
いつしかそれが執着心になる。

Opportunity

忘れていたなら
見つけたときが
捨てるとき。

必要なものや大事なものを忘れることがあるだろうか。
忘れていたことに気づいたなら
「大切にしていたものがそうではなくなった」という
手放すきっかけを手に入れたということ。

CHECK!

それって大事？

- □ 花びんにしようと思っていた空きびん
- □ 冷蔵庫に並んだままのドレッシング
- □ 愛用していたコスメ
- □ 集めていたフィギュア
- □ 束ねた領収証や支払明細
- □ 途中まで使ったノート

Unnecessary

1年間、
触れることもなかったものに
必要なものはほとんどない。

人が年をとり、物は必ず劣化する。
使われることも手入れされることもなく
月日が流れてしまったものの中に
これから先、必要なものがどれほどあるだろう。

THREE

At first

迷ったら、
服から減らせ。

自然と多くなりがちな服は
流行や好み、年齢、体形に合わせて
繰り返しの見直しが必要で
手のつけやすいカテゴリー。
そうした見極める作業の中で
特に「捨てる」という経験は
これからの買い方の指針にもなる。

Many
Likes
@yur.3

Keep

捨てずに持ち続けたところで
死んで持っていけるものはないし、
使ってくれる人もいない。

「捨てられないから」「もったいないから」
そう思って持ち続けているものが何かに変わり
いつかいいことが起こるのだろうか。
ただ持ち続けることで価値の上がるものはほとんどなく
持ち主にとっても物にとっても
デメリットのほうが大きい。

Full

あふれているなら持ちすぎている。

スペースが有限である以上、あればあるほどいいものはなく
それを無意識にも管理していることを忘れてはいけない。
決められた場所からあふれるのが
物が出すわかりやすいサイン。

Shameful

死んで見られたくないものは捨てる。

人生にいつか終わりが来ることは
誰しもわかっているけれど
それが明日かもしれない、と思って生きている人は少ない。
そんな「もしも」をポジティブに利用して
自分の持ち物が他人に見られる可能性を想像してみる。
なんとなく捨てられないものに対しては
いろんなアプローチをしたいもの。

Regret

今までに手放して後悔したものがあるか。

自分の中のいくつかのハードルを越えて
手放したことに
どんな後悔があるだろう。
そして、もう一度買うほど必要なものは
その中にいくつあるだろう。

Not different

結局、今捨てるか、寝かせて捨てるかの違いしかない。

人は「捨てたいもの」しか迷わない。
納得するまで置いておくのもいいけれど
それは手放すための時間。
「手放す」に一度向かったベクトルが
方向を変える確率はあまりにも低い。

Buy & Throw away

買うと捨てるは1セット。

捨てるまでは買わない。
捨てる時間がとれないときは
買い物を控えるなど
減らすことと増やさないことを
いつも同時に考えたい。

HELLO
GOOD
BYE

Refresh

今だけ楽しみたい人はセールで何か買うといい。これからラクをしたいなら帰って断捨離するといい。

暮らしを豊かにするのは物ではなく時間。
ときには物欲やストレス発散のために
買い物で欲求を満たすことがあるかもしれない。
けれど、簡単に手に入れることのできない時間をどうつくるか考えたら
買うことよりも減らすことを優先するほうが賢明かもしれない。

Bankers Box.
BOX NO.
703
KINFOLK
Essays on the Later Poems, Short Fiction, and Novels
ATWOODS
LORRAINE M. YORK, EDITOR
Premium 61

Housework

「捨てる」は家事だ。

欲しいものを手に入れることは楽しい。
その楽しさの陰に隠れて
手放すことの大切さは見落とされがちだ。
不要品を手放すということは
それを管理する家事も同時に手放せるということ。
「捨てる家事」から得られるものは大きい。

M'S MAGIC
PES
LENDER

Decide!

店で迷うなら買わない。家で迷うなら捨てる。

増やすことのスピードを下げて
減らすことのスピードを上げる。
物の出入りを決める重要な場面での迷いを
どう行動に移すかで暮らしは変わる。

Useful

使えるかどうかよりも
使うかどうか。

判断の基準は物ではなく、今の自分。
暮らしを変えたいと思うなら
「いつか」でも「誰か」でも
「物が使えるか」でもなく
今の自分がそれを使うかどうかで考えたい。

Dust

他人から見たら
ゴミかもしれない。

自分なりの基準は大切だけれど
見慣れて気にならなくなった状態や
ちょっとした思い入れを差し引いてみる。
感じる価値がゼロならば
それにとらわれている時間はムダだ。

Mind

捨てるか悩むものは本心では捨てたいもの。

捨てるか悩むのは
たとえば「大きすぎる」「使いにくい」のような
それが持つデメリットごと手放したい
という気持ちがどこかにあるからだと思う。
だとすれば行動はシンプルでいい。
自分の持ち物なのだから
捨てたくないなら捨てなくていいし、捨てたいなら捨てていい。

Value

持っているだけで幸せなら使わなくても価値がある。捨てなくていい。

ただそこにあるだけで
心をあたたかくしてくれるものもある。
自分なりの基準で
大事にしたいものまで減らす必要はない。

Make up your mind!

POWER WORDS

捨てる

『28文字の片づけ』で
反響の大きかった
格言

着ない服なら売りなさい。
売れない服なら捨てなさい。

捨てられない人に限って
不要なものを過大評価している。

他人の物を
捨ててはいけない。

入れ物を増やす前に
入れるものを減らす。

写真に写ると
嫌なものは
捨てるか見直す。

捨てられないなら
大事にすること。

大事なものなら
そもそも
「捨てるか」迷わない。

捨てると決めたら
親には見せるな。

Question

yur.3 → followers

フォロワーさんに聞いてみました

捨てて後悔したことはありますか？

Instagramのフォロワーさんへ質問してたくさんの回答をいただきました。

ない

61%

不思議なくらいありません

パッと思い浮かばない

ある気がするけど困ってないから……多分ない

捨てるまでは迷っても……捨てたら忘れる

ないかも！今、気づいた

yur.3が最近〝手放したもの〟

スキーウエア

20代のころに買ったスキーウエア。見た目も好みも若返ることはないし、もう着ないだろうと踏ん切りがついたので手放しました。

紙製のボックス

収納に使っていたけれど、虫のすみかになると聞いて、プラスチック製のものに買い替えるために処分しました。

ある

39%

思い入れのあるもの

卒業式で
彼氏にもらった
ボタン

子どものころ
大事にしていた
人形

昔つけていた
日記

とても後悔

充電コードを
まちがえて
捨てて、
買い直した

一時的に
断捨離に
ハマって
捨てすぎた

**予測
できなかったこと**

制服
(母校に娘が
通うことに)

子どものものを
処分したあと
すぐ妊娠した

結婚式関連のもの

席次表や芳名帳などの結婚式関連のものを最近まで保管していましたが、見返すこともなかったので処分しました。

スケジュール帳、日記帳、手紙

死んで誰かに見られたら……と思ったら、捨てられました。手紙はそもそも誰かに見せるものではないので、読んだら捨てます。

Chapter
02

CLOSET

クロゼット

持ち物の中で圧倒的に
人に見られることの多い服。
体形や好みがゆるやかに変化していく中で
変えていくことが必要不可欠。
「人目」は気にするだけではなく
柔軟に、そして前向きに取り入れて
おしゃれをもっと楽しみたい。

Many Likes @yur.3

Mottainai

捨てるのがもったいなくて
着ている服よりも、
その服で過ごす気持ちや
時間のほうが
もったいないかもしれない。

大切な一日をどんな気分で過ごすかは自分次第。
少しシビアに身の回りの不要をそぎ落とすことで
好きなものだけを選びとり
それらと過ごす幸せな時間を手に入れたい。

Many Likes @yur.3

Love

服を選ぶとき、
「この服で誰かに会いたくない」
と思ったら、
その服は寿命。

こんな服じゃ誰にも会えない、と思って服を買う人はいない。
気に入って買った服でも何か気になるところがあって
もしくは何気なく、そう思ってしまうなら
もう、その服は寿命。

Remedies to Roll
WOMEN'S BALANCE
lip calm
with raspberry
SHIGETA
PARIS

Notice

自分から見えない部分は 他人から見られている。

「どうせ誰も見ていない」が言いわけになっていない？
誰にも見られたくない部分に限って
他人からは見えていたりする。
そんな部分にも手入れが行き届いていたら
あなたの見え方はもっと良くなる。

STIFFEN
UP
classic
Natural Starch

Timing

メンテナンスに手間とお金がかけられなくなるのが服や靴の捨てどき。

たとえば買ったばかりの服を汚してしまったら
汚れを落とそうと必死になる。
それがいつからか手入れを面倒に感じたり
クリーニング代をもったいなく思ったりする。
「大切なもの」が「大切だったもの」に変わったら
きっと捨てどきなのだろう。

NET 55g

Many
Likes
@yur.3

Femininity

服を捨てられない人のほうが
それを着て女を
捨てていたりする。

服を選ぶ自由があるのに、それを楽しむどころか
「捨てられない服」というレッテルを貼った服を着て
自分らしさを見失うのはもったいない。
手放すことで理想の自分を見つけたい。

CHANCE
COLLECTIONS AND CREATIONS
JAMES DEAN
GEORGE PERRY
VOGUE THE COVERS
FASHION

Many Likes @yur.3

Quality

30過ぎたら量より質。

あれもこれも欲しかった時代を経ると
自分の性格や好み、物との向き合い方がわかってくる。
たくさん持っていればいい、ということはなく
自分にとっての価値を見つけたなら
それと真摯に向き合いながら
物も自分も大切にしていきたい。

Remembrance

最後に着たのが
いつだったかを
思い出せない服はいらない。

冠婚葬祭や春夏秋冬や仕事のオンオフ
さまざまなTPOがある中で
それでも出番のない服は
いったい何が起これば着るのだろうか。

Trunks

デキる男は
必ず良いパンツを
はいている。

気配りがこまかいところにも向いていて
人を大切にできる人は、自分も大切にしている。
人から見えないところまで気を配ることで
自分の気分をも上げているのだと思う。
人目につかない下着こそ
状態のいいものを常に身に着けていたい。

Keep in your mind!

POWER WORDS

女子力

『28文字の片づけ』で
反響の大きかった
格言

今日の下着で
救急車に乗れるか？

部屋着とパジャマは
増やさない。

「高かった」のは
過去の話。

今日の服が妥協でも
そこから印象はつくられて
そのうち、
それがセンスになる。

「まだ着られる」
と思うのは
「もう着たくない」
から。

Keep in your mind!

POWER WORDS

女子力

古いパンツも捨てられず、
女をサラリと捨てていく。

明日も
着たくなる服だけ。

知り合いに
会いたくない服は
着ない。持たない。

1週間
出番のない服には、着ない理由が必ずある。

「着る服がない」と
嘆く人ほど
着ない服はたくさん
持っている。

こんなものが捨てられる CHECK LIST

[クロゼット編]

- □ 高かったけど着心地が悪い服
- □ 高かったけど似合わない服
- □ 着ていく場所が思いつかない服
- □ 最後に着た日を思い出せない服
- □ 同窓会には着ていきたくない服
- □ 重いアウター
- □ 丈が合わない服
- □ 太って見える服
- □ 細く見えるけど着心地がよくない服
- □ なんとなく着ない服
- □ くたびれた印象になる服
- □ シミがついて着なくなった服
- □ アイロンをかけるのが面倒な服
- □ 体形が変わったら着ようと思っている服
- □ 見た目が気に入らないスーツ
- □ 着る機会のない冠婚葬祭用の服
- □ 親からもらった着物
- □ 劣化が激しい下着
- □ 毛玉だらけの部屋着
- □ 部屋着にしようとストックしている服
- □ 穴のあきそうな靴下やタイツ
- □ 人生最期の日に履きたくない靴下

- □ 気に入っているけど靴ズレする靴
- □ 普段使いしていない靴
- □ かかとがすり減った靴
- □ 荷物がほとんど入らないバッグ
- □ お気に入りだけど劣化が目立つバッグ
- □ 使わなくなったブランドバッグ
- □ 使っていないエコバッグ
- □ かぶらなくなった帽子
- □ 合わせにくいマフラー
- □ 片方が失くなった手袋
- □ もらったけど好みじゃないアクセサリー
- □ そろっていないハンガー
- □ 使っていない衣装ケース
- □ 出すのが面倒なアイロン台

MEMO

Chapter

03

KITCHEN

キッチン

お得に買ったいつもよりたくさんの食材も

ようやく手にしたお気に入りの食器も

使われなくては意味がない。

料理が好きならもっと好きに

苦手なら少しでも気分よくできるように、

キッチンを整えることは

気分や健康に直結する、とても大切なこと。

Purpose

使い道を探さない。

使うために手に入れたものであれば
使い道を探すことはない。
使い道が浮かばないのが
不要な証拠。
そのままゴミ袋に入れてもきっと困らない。

CHECK!

それって使う？

- □ アクセサリーの袋
- □ 柄がかわいい包装紙
- □ ブランド品が入っていた箱
- □ 革靴が入っていた巾着
- □ 使わなくなった突っ張り棒
- □ 使っていないタオル

Too many

「いくらあってもいいもの」なんてない。

それがどんなに小さなものでも
たとえどんなに安いものでも
適量を超えればデメリットが際立つ。
本来不要なものの管理は
言わずもがな日々の大きなストレスになる。

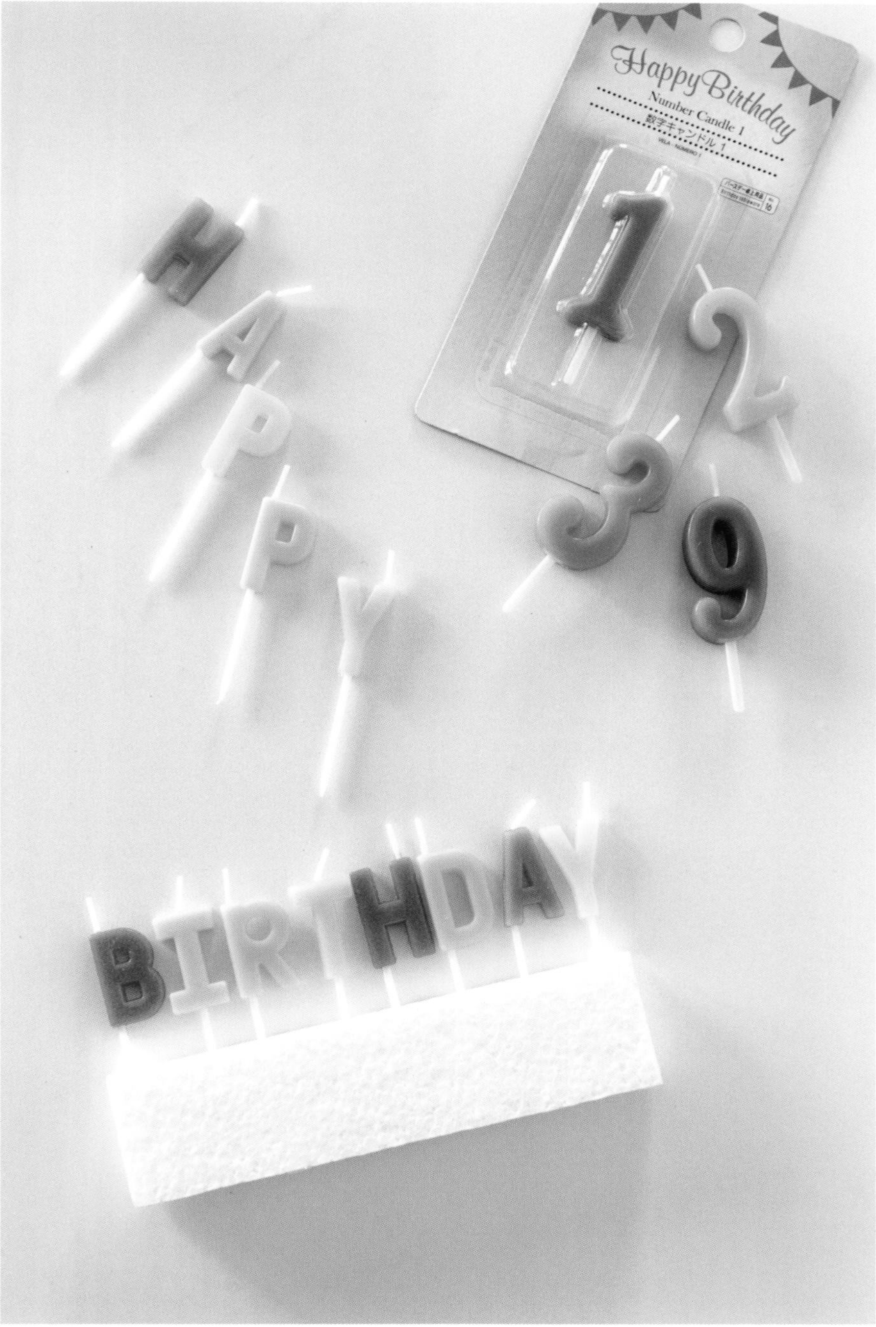
HappyBirthday
Number Candle 1
数字キャンドル 1

Farewell

ストレスに
プチもクソもない。

切れ味の悪い包丁、焦げつくフライパン
手入れしにくい調理家電……。
何気ないストレスを我慢でやり過ごしていない？
思い切って手放すことや買い替えることで
取り払えるストレスは意外と多い。

Again

壊れたとき、失くしたときに
それをもう一度買うだろうか。

もう一度お金を出して買うほどの価値を
どれだけ感じているかは
持つべきものを選ぶ基準にもなる。
とりあえずとっておくものでも、管理するのは自分。
想像力をふくらませて。

Have a try!

迷ったら試しに
ゴミ箱に入れてみる。

すっきりしたいと思うなら
迷いの真ん中にあるものを
「いかに手放せるか」を考える。
とっておくための行動よりも
捨てるに近づける行動を選びたい。
ゴミ袋やゴミ箱でお試しあれ。

Same

お気に入りも不要品も「とっておく」なら同じこと。

「とっておく」のは決断の先延ばしで
何においても前向きではない。
「ただそこにあるだけ」で自分自身のスペースを奪い
知らず知らず気もつかっていることを忘れずにいたい。

Everyday

良いものこそ毎日使う。

物は使われてこそ意味がある。
自分にとっての価値は必ずしも価格と比例しない。
使わないなら使う人に譲り
お気に入りなら自分のためにどんどん活用したい。

こんなものが捨てられる CHECK LIST

[キッチン編]

□ 好みじゃない食器

□ 普段使いしにくい食器

□ 何年も使っていない食器

□ お気に入りだけど欠けている食器

□ そろっていない食器やカップ

□ 出番がない調理器具

□ 出番がない調理家電

□ 古くなったまな板

□ ボロボロのスポンジ

□ 焦げつきやすくなったフライパン

□ 汚れがこびりついた鍋

□ 使いにくい保存容器

□ 多すぎる来客用の食器

□ 多すぎる来客用の箸

□ 多すぎる来客用のカトラリー

□ 賞味期限切れの調味料

□ 賞味期限切れの保存食

□ 冷蔵庫の奥に忘れ去られた“ごはんの友”

□ 冷蔵庫に入れっぱなしの消臭剤

- □ 冷蔵庫内を整理しきれていない収納ケース
- □ 多すぎるふきん
- □ 多すぎる弁当箱
- □ 100均で衝動買いした調理グッズ
- □ 一度だけ使ったキャラ弁グッズ
- □ たまにしか使わない製菓グッズ
- □ 誕生日ケーキについていたキャンドル
- □ 使い捨てのプラスチックスプーン
- □ 多めにもらった割り箸
- □ 溜まった輪ゴム
- □ 付録や景品の保冷バッグ
- □ 読んでいない料理本
- □ 冷蔵庫に貼りっぱなしのプリント
- □ 使い道がないマグネット

MEMO

Chapter

04

LIVING ROOM

リビング

立場や役割……

日々の中に少しだけ窮屈なことがあっても、

肩の荷を下ろしてふぅーっと息をつける

心地よいリビングがあれば

明日もまたがんばれる。

そして、そんな空間をつくるのは

目の前のものに対する小さな選択や心掛け。

Color

色の断捨離。

チラシや看板に多くの色が使われるのは
色によって対象物が強調されるから。
部屋から雑多な印象を受けるのは
色が物をかさばらせて見せているのかもしれない。
たくさん手放したはずなのにすっきりしないなら
色数を減らすと整って見える。

DREAM

Accumulation

紙と布は溜まりやすい。

暮らしに入ってくる量が多い紙と布。
さりげなくやってきてさりげなく停滞して
知らず知らず山になる。
「この箱がいっぱいになったら」など
目安やタイミングを決めて見極めたい。

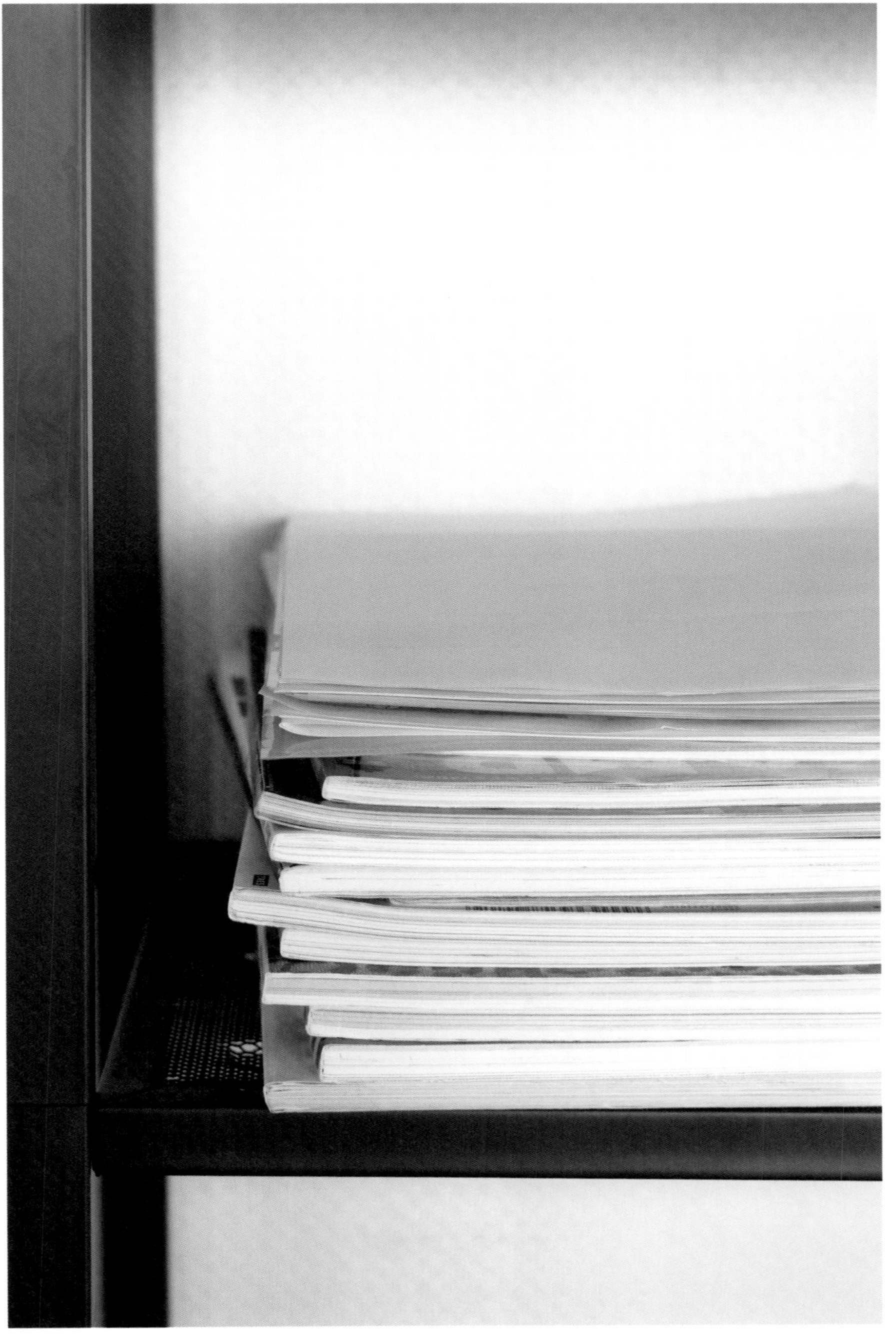

Changeless

使わないペン1本
減らせない人と
その暮らしは一生変わらない。

ペンを１本減らしたところで見た目はほとんど変わらない。
けれど、どんな一歩でも、踏み出さずには動けない。
続けることは何事においても大切だけれど
始めることはもっと大切。
０と１とでは大きな差がある。

STABILO
point 88
fine 0.4

Behind

更新されない情報は知らないことより恐ろしい。

昔の常識が今の非常識であることも珍しくない。
どんなに新しい情報も必ず古くなる。
古い情報を軽やかに手放して
新しいことを知るための余地を常に持っていたい。
結局、何かを手放すことでしか得られないものがある。

Repetition

2回以上読んだ本が何冊あるだろうか。

電子書籍で読んだり、古書店でリサイクルをしたり
買いたいときも手放したいときも
その方法が広く認知されていて身近にある。
本が暮らしを圧迫していると感じるならば
所有以外を選択肢に入れてみては。

Consciousness

無意識に増えるものは
意識しないと減らせない。

選ぶ・欲しがるという積極性がなくても
さりげなく増えていくものがある。
それらに対しては
「決められた場所に入らなくなったら捨てる」
「そもそも入ってこないようにはじめから断る」など
減らす意識が必要だ。

ALWAYS
BE
POSITIVE
THR

Useless

「何かに使える」と思うものほど ほとんど何にも使わない。

「使えるか使えないか」
という基準で物を見てしまうと
ゴミ以外は手放せない。
だから本当に手放したいときは
「使うか使わないか」に変えてみる。
「何かに使える」と思うもののほとんどが
途端に断捨離の対象になるかもしれない。

CHECK!

それって使う？

- □ 海で拾ったきれいな貝殻
- □ 捨てずにいる大きな紙
- □ ブロックメモ
- □ クリアファイル
- □ 小さなポーチ
- □ S字フック

こんなものが捨てられる CHECK LIST

[リビング編]

- □ 好みじゃないインテリア
- □ 使わなくなったラグ
- □ 多すぎるクッション
- □ ソファにたくさんかかっているひざ掛け
- □ いつか使うかもしれない昔のカーテン
- □ どれに合うかわからない充電器やコード類
- □ ほとんど使っていないカメラ
- □ 使っていない家電
- □ 見ていないDVD
- □ 聞いていないCD
- □ 読み終えた雑誌
- □ 昔好きだったマンガ
- □ いつか読もうと思っている本
- □ ペン立てにたくさん入っているペンや鉛筆
- □ 積み上がったプリントや書類
- □ レシートや領収書
- □ 何かに使えそうな封筒や紙袋
- □ 何かに使うかもしれないお菓子の缶
- □ 使わなくなった収納ラックやボックス
- □ 飲まなくなった薬
- □ 使わなくなった掃除道具
- □ 出しそびれている粗大ゴミ

[そのほか]

- □ 来客用の布団
- □ 高さが合わない枕
- □ そろっていないシーツやカバー
- □ あたたかくない掛け布団
- □ 好みではなくなった化粧品
- □ 肌に合わなかったスキンケア
- □ いつか使おうと保管している試供品
- □ 使いかけのハンドクリーム
- □ 固まりかけたネイル
- □ 毎月送られてくる通販カタログ
- □ 毎年積み重なっていく年賀状
- □ バースデーカードや手紙
- □ 昔使っていた携帯電話
- □ 期限が切れた免許証やパスポート
- □ 置きっぱなしの段ボール

MEMO

散らからない買い方 Rules

新しいものを選ぶとき、買うときに、
yur.3が思っていること。

Rule 01

手放すときのことを考えて質の高いほうを買う

一時しか使わないけれど、使い勝手にもこだわりたい。そんなときには、あえてしっかりとしたメーカーのものを買い、きれいに使ってフリマアプリなどで売る。買うときから売ることを見越して物を選べば、使っているときも手放すときも満足度が高い。

キッズチェアは高く売れるとわかり
値段で妥協せずに選びました。

Rule 02

洗剤も洋服も食品もまずは試す

初めて使うものなら、自分に合うかを試してみる。化粧品やスキンケアは試供品でお試し。試せない場合は少量だけ買う。洋服だったら試着は絶対！「色違いだから試着しないでいい」なんて買って帰ると、意外と似合わず、返品が面倒になり、タンスの肥やしになったりする。

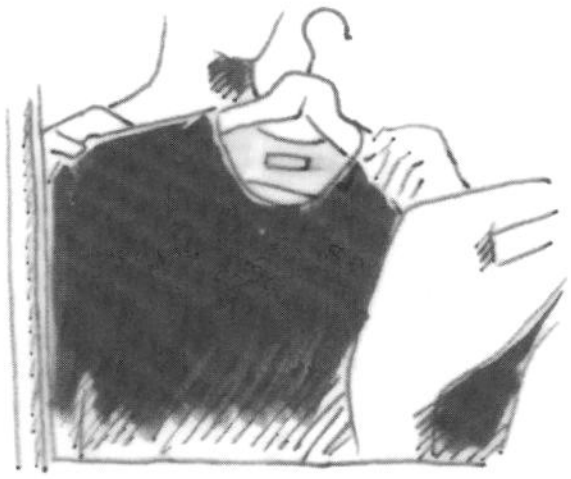

洋服の試着はマスト。
今は家電もお試しできる時代！

Rule 03

割安でも
大容量を買わない

「まとめ買い割引」という言葉は魅力的だけれど、2個目を使うのは何カ月先のことか。保管する場所や、その場所の掃除も必要になる。消費に時間のかかるものは多少割高でも、省スペースを優先。管理の手間とすっきりさを買っていると思えば妥当。

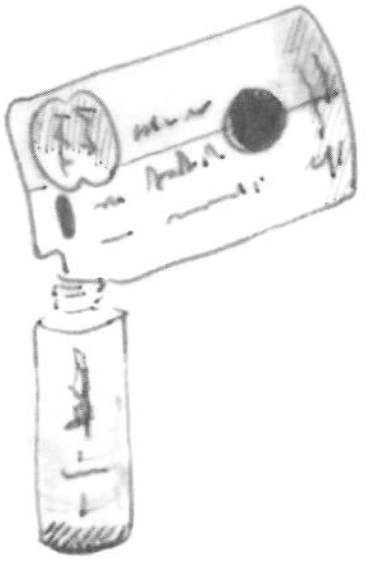

保管場所にも限りがあるので
場所代や保管費と思えば妥当。

Rule 04

ネットショッピングの
送料は交通費

ネットで買い物をするときの送料は「もったいない」？ 買う予定がなかったなら、送料を無料にするための買い物のほうがムダな出費のはず。買い物に行くのだって、時間も交通費もかかるのだから、送料は必要経費。送料無料にこだわりすぎない。

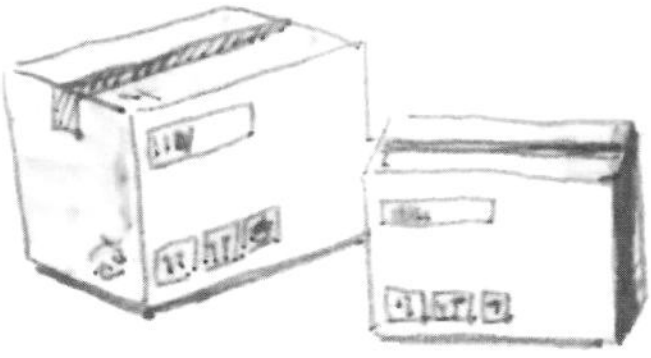

送料を無料にするために
買うもののほうが不要。

Chapter
05

RELATIONSHIPS & MEMORIES

人間関係&思い出

人間関係や思い出など
大切にしてきたものを
無理に手放す必要はないけれど
意味なく残しておく必要もない。
やめたり、なくしたりしたら
気持ちがラクになるような「自分らしさ」への壁は
思い込みの中にあるのかもしれない。

Never mind!

誰かを傷つけるために 発している人の言葉は 1ミリも気にしなくていい。

相手が誰であっても
それがたとえ正論でも
心を傷つけようと発せられた言葉は気にしなくていい。
他人を下げることでしか自分を保てない人の言葉に
耳を傾ける必要はない。
華麗にスルーして、可能なら距離を置こう。

Dissatisfaction

「してあげているのに」と不満なこと、明日はそれをやめてみる。

相手への不満は自分の過剰な期待からくる場合がある。
「自分はこうしているのに相手はこうしてくれない」と
イライラするくらいなら
一度やめてみるといい。
してあげているそのことすら
気づいていないこともある。

Contact

使わない連絡先に人づきあいの薄さが見える。

あなたを苦しめるなら、そこにいなくてもいい。
そっとその輪から離れることで
ふっと心が軽くなるかもしれない。
居心地の悪いその場所や関係は
思うより絶対的なものではない。

Address

Save

保存期限は
気の済むまで。

どうしても手放せないなら
無理はしない。気の済むまで置いておく。
ただやみくもに捨てる必要はなく
誰かの基準に合わせる必要もない。
時間が解決してくれることもある。
マイペースに向き合いたい。

THANKS
Post Card

Many Likes @yur.3

No biggie

物がなければ想い出せない出来事は大したものではない。

大切な人ほど大切な想い出ほど
それが詰まった「物」は手放しにくい。
けれど、それはその人ではなく
想い出そのものでもない。
とっておくなら「物」としての存在が
今の暮らしや自分にプラスになるものだけ。
それ以外は心の中だけにずっと置いておけばいい。

The past

今よりも
過去を大事にしていると
結局、何も捨てられない。

「大切か大切じゃないか」
という基準だけでは手放せないものがある。
それでも現状を変えたい気持ちがあるならば
その中からより大切なものを選び出す必要がある。
どれも大事で捨てられないときは
基準を「今」にしぼってみる。
「大切だったものが今はそうではない」ことに気づけるかもしれない。

Friends

「友達は多いほうがいい」は思い込み。

周りと上手くやっていく力は必要だけれど
「友達は多ければ多いほどいい」
ということは絶対にない。
ただ心から尊敬できる人、信頼し合える人が一人でもいるなら
人生は楽しくて心強い。

Let it go.

想い出が今の暮らしを
じゃまするときは
手放したほうがいい。

ときどき取り出して楽しむことができたとしても
その機会がこの先どれだけあるだろう。
どんなにたくさんのものに囲まれていたとしても
それで問題ないのなら、もちろんそのままでいい。
けれど、想い出によって毎日がどこか窮屈に感じるときは
少し減らす必要がある。
結局は今より大事な過去はない。

PLANNER
FRIDAY
SATURDAY
SUNDAY

Questions

followers → yur.3

ゆりさんに
聞いてみました

Instagramのフォロワーさんから
あふれる質問に、yur.3が答えます。

Q. **断捨離の踏ん切りがつかないときは？**

A. 断捨離するか悩む時点で……と思っていますが、そうは言っても手放せないものはあるので、そんなときは**無理せず保留**にします。**時間がたつとあきらめがつくものもある**ので、それに期待します。

Q. **いただき物で趣味が合わず使っていないものは失礼かと思って捨てられずにいるけれど、yur.3はどうしていますか？**

A. **まずは大切に保管し、少し時間をおいてから**リサイクルショップに持っていきます。大事に使いきれない……と初めからわかるのであれば、**何気なく手をつけてほったらかすほうが失礼。**自分が贈る側だったら疎ましく思われているのは嫌なので、気持ちだけきちんといただいたら、手放します。**少しの間、寝かせる**のも気持ちの整理のために大切なポイントです。

Q. **引っ越しするときの断捨離アドバイスは？**

A. 引っ越しは**断捨離の絶好のチャンス！** 新生活に不要なものを持ち込まないためにも、引っ越しを少しでもラクにするためにも、どんどん手放してみてください。保留品をひとまとめにして、「その日まで開けなかったら捨てる」など**期限を設けておく**のもいいかもしれません。

Q. 物欲が
抑えられないんです！

A. 物欲は買うことでしか解消できないと思うので、**本当に必要なものを知るためにも、先に断捨離する**のがおすすめです。手放すことで要・不要の傾向が見えてくるし、すっきりした家に何を迎え入れようかと選ぶ楽しみも増えて、ポジティブな買い物になります。

Q. 断捨離以外に
趣味はありますか？

A. **本を読むこと。**
コーヒー。

Q. バッグの中身の
整頓術が知りたい！

A. きれいに仕分けても、きちんと戻すのが面倒になってポイポイ入れてしまうので、なるべく**小さめのバッグ**を持つようにしています。**入れ物が小さくなると入れるものを自然と厳選するようになる**ので、整理整頓の手間が省けます。

Q. これだけは
我慢しないものは
ありますか？

A. **ドライブ中の**
コンビニコーヒー。

Q. いつから物が少ないですか？
どのくらいの年月をかけて今の状態に？

A. もともと物に埋もれて生活するタイプではないのですが、**引っ越しはいいきっかけ**になりました。その後は暮らしながら少しずつ減らしてきたので、今くらいの量になるまでに**5〜6年くらい**かかりました。

Q. 捨てるか迷ったら、どうしますか？

A. **とりあえず使ってみます。**

Q. とにかく汚い部屋はどこから片づければいい？

A. **目の前から。**もしくは、よくいる場所、目線に入る場所から。いちばん大きいサイズのゴミ袋を持って、**どう見てもゴミ！というものを片っ端から入れて**いきます。

Q. 素敵な言葉はどんなふうに生まれるんですか？

A. **運転中とおふろに入っているとき**、なぜか思いつくことが多いです。**「今日の下着で救急車に乗れるか？」**という言葉が生まれたことをきっかけに下着の断捨離ができたので、下着以外にもこんな言葉があれば、と考えるようになりました。

Q. 子どもの衣類や作品など、思い出のものをどうやって手放していますか？

A. **物で残さない**ようにしています（子どもの作品などは写真に撮ったり）。旅先でのお土産や何かの**記念に「物」を買うと捨てにくくなる**ので、食べ物などを選ぶようにしています。

Q. 子どもが欲しがるものはどうやって我慢させればいいですか？

A. まずは1つ買って「次からは我慢だよ」と、**小さな我慢を教える**ようにしています。高額なものを欲しがるときは、**「誕生日にしようね、それまで覚えておいてね」**と、誕生日やクリスマスなどの特別な場合だけにします。

Q. 心が荒れたとき、どうしていますか？

A. **目の前が視覚的に整理されてくると頭の中も整う**気がするので、まずは片づけてすっきりします。あとは、とにかく寝ます。

Q. おすすめのペンは？

A. **PILOTのハイテックCコレト**

色や太さなどレフィルの種類が豊富で安価です。シャープペンや色ペンを1つにまとめられるのも◎。

Q. 日記や手帳はどうしていますか？

A. **捨てています。**

死んで誰かに見られたら、と思うと捨てられます。

Q. 物を持つ価値観がパートナーと違ったら？

A. **共用以外はあまり干渉しないようにしています。**可能であれば「ここだけは自由にしていい」というスペースを設けて、「自由にどうぞ、そのかわり掃除もしませんよ」くらいのほうが気楽です。

おわりに

経験したことのない事態が〝モノ〟の在り方を変えて
何気ない生活様式さえ変更を余儀なくされた二〇二〇年。
人と人との物理的な距離が遠くなり、
ひとりの時間や家にいる時間が増えたことで
〝暮らしや自分を見つめ直すための方法〟として
断捨離や片づけがあらためて注目されたような気がします。

それでもやはり、それらをすぐさま劇的に変える特効薬ではありません。

そして「断捨離」がこんなにも身近になった今でも
「手放す行為」、そしてその反対側の「手放せないこと」に対して
上辺だけをくみとったお互いへのマイナスイメージがあるとしたら
そこには少し想像力が足りません。
選ぶべきものとそうではないものの境界線はときどき曖昧で

誰かには容易にできるその判断が、ほかの誰かにはむずかしいことがある。
生きてきた時代や環境、その他のさまざまなことでつくり出された価値観は
簡単に変えられるものではないように思います。

それでも腐らず小さな一歩を踏み出すこと、
そして、そんな自分とは違う考え方に出会ったときに
自分や相手を責める以外の選択をすること、
場合によってはそれを受け入れる柔軟性は、物だけに限らず
人と人との関わり合いの中でも欠かせないものです。
時代がどんなに豊かになっても
物事の裏側を想像するやさしさと努力を忘れずにいたいと思っています。

ゆり

本文中のイラスト、
表紙のタイトル文字は
yur.3が描きました。

yur.3（ゆりさん）

新潟県在住の35歳。3歳と0歳の男の子、夫、夫の両親との6人暮らし。捨てたい気持ちを後押ししてくれる格言をインスタグラム（@yur.3）で発信し、フォロワー数17万人を超える。

Staff

装丁・本文デザイン _ 高木秀幸、石田絢香（hoop.）
撮影 _ 佐山裕子、松木 潤（主婦の友社）
スタイリング _ 田沼トモミ
構成・まとめ _ 本間 綾
編集担当 _ 三橋亜矢子（主婦の友社）

撮影協力 _ EASE、VOIRY STORE、カイズ

28文字《もじ》の捨《す》てかた

2021年 4 月20日　第 1 刷発行
2022年 5 月10日　第 7 刷発行

著　者　yur.3《ゆりさん》
発行者　平野健一
発行所　株式会社主婦の友社
〒141-0021東京都品川区上大崎3-1-1目黒セントラルスクエア
電話03-5280-7537（編集）
03-5280-7551（販売）
印刷所　大日本印刷株式会社

ISBN978-4-07-447385-4

■本書の内容に関するお問い合わせ、また、印刷・製本など製造上の不良がございましたら、主婦の友社（電話03-5280-7537）にご連絡ください。
■主婦の友社が発行する書籍・ムックのご注文は、お近くの書店か主婦の友社コールセンター（電話0120-916-892）まで。
＊お問い合わせ受付時間　月～金（祝日を除く）9:30～17:30
主婦の友社ホームページ　https://shufunotomo.co.jp/